EDICT DV ROY,

Portant reuocation de l'Edict de creation d'vn second Aduocat, & Procureur du Roy alternatif en chacune Eslection de ce Royaume, du mois de Decembre dernier.

Verifié en la Chambre des comptes de Paris le 24. Auril 1626.

A PARIS,

Chez GVILLAVME CITERNE, sur le Pont Nostre Dame, deuant S. Denys de la Chartre.

(2)

OVYS PAR LA grace de Dieu Roy de France, & de Nauarre : A tous presens, & aduenir, salut. Par nostre Edict du mois de Decembre dernier, registré en nostre Chambre des Comptes, & Cour des Aydes de Paris : Et pour les considerations y contenuës, Nous auons creé des Procureurs alternatifs, & des Aduocats pour nous és Esléctions de ce Royaume, pour ioüyr des mesmes gages que ceux qui sont à present pourueuz de semblables Offices: duquel Edict nosdits Aduocats & Procureurs anciens ayans eu aduis ; Ils nous auroient fait leurs tres humbles remonstrances en nostre Con-

seil, du preiudice que leur apporte-
roit l'execution dudit Edict, qui
leur diminuëroit de moitié la fon-
ction de leurs charges : outre que
ceste augmentation d'officiers tour-
neroit à charge à nos subjects con-
tribuables aux Tailles, & apporte-
roit vn desordre & confusion en
nos affaires, attendu que celles où
nous auons interest ne pouuoient
estre deuëment poursuiuies. Les vns
ayans suject d'ignorer par l'inter-
mission de leur exercice ce qui se-
roit aduenu, & ne leur auroit
esté communiqué. NOVS RE-
QVERANs lesdits Procureurs &
Aduocats anciens : que pour les
considerations susdites, & attendu qu'ils ont traicté de leurs Offices
pour iouïr dudit exercice continuel
auquel consiste tout l'émolument

de leurs charges, Il nous pleuſt re-
uoquer ledit Edict du mois de Decembre dernier, pour ce qui concerne les ſeconds Aduocats & Procureurs Alternatifs pour nous eſdites Eſlections ſeulement, ſans qu'ils
puiſſent eſtre reſtablis à l'aduenir
pour quelque cauſe & occaſion que
ce ſoit. Offrans pour nous ſecou-
rir en la neceſſité preſente de nos
affaires de noũs payer finance rai-
ſonnable, pour ioüyr de pareils
gages qu'aux attribuez auſdits nou-
ueaux Offices: pour le payement de
laquelle finance ils ſe ſeroient ſouz-
mis à telles contrainctes qu'il nous
plairoit ordonner. SVRQVOY,
apres auoir mis ceſte affaire en deli-
beration en noſtredit Conſeil, où
eſtoient la Royne noſtre treshono-
ree Dame & Mere, aucuns Princes
de noſtre ſang, autres Princes, &

officiers de noſtre Couronne , &
Sieurs de noſtre Conſeil : & de noſtre certaine ſcience, plaine puiſſan-
ce & auctorité royalle, Ayans eſgard
auſdites remonſtrances de noſdicts
Aduocats, & Procureurs eſdites Eſlections, deſirans les fauorablement
traicter; AVONS par ceſtuy noſtre
preſent Edict perpetuel & irreuoca-
ble, Reuoqué & reuoquons noſtredit Edict du mois de Decembre dernier, en ce que concerne la creation
deſdits ſeconds Aduocats, & Procureurs alternatifs pour nous, & ſup-
preſſion de leurs ſubſtituds eſdictes
Eſlections ſeulement. Voulons que
ceux qui ſont à preſent pourueuz
deſdits offices en iouyſſent comme
ils ont faict par le paſſé, AVX gages,
droicts, profits, eſmolumens, pri-
uileges & exemptions qui leur ſont

attribuez par les Edicts pour ce faits:
sans qu'à l'aduenir il soit par nous,
ou nos successeurs Roys pourueu
ausdits offices de seconds Aduocats,
& nos Procureurs esdites Ellections
estre rendus alternatifs pour quelque cause & occasion que ce soit. Et
par cestuy nostre Edict, Avons à
nosdits Aduocats, & Procureurs esdites Ellections, suiuant leurs offres
attribué & attribuons pareils gages
que ceux dont ils iouyssent à present,
& que nous auons attribuez par no-
stredit Edict ausdits offices de Procureurs, & seconds Aduocats: Pour
en iouyr par augmentation de gages, tout ainsi & en la mesme forme
qu'ils font de leurs anciens gages:
Lesquels gages de nouueau attribuez, nous auons ioincts & incor-
porez à leusdits offices: Voulons que

le fonds en soit laissé par chacun an,
A commancer au premier iour d'A-
uril prochain és mains des Receueurs
de nos Tailles au Chapitre de leurs
anciens gages, des premiers & plus
clairs deniers à nous reuenans bons
de leurs receptes, pour en faire le payement ausdits officiers de quartier
en quartier sur leurs quittances, que
nous voulons estre allouez en la des-
pence des comptes desdits Receueurs
sans dificulté: A la charge de payer
par nosdits Aduocats, & Procureurs
és mains du Tresorier de nos parties
Casuelles, ou au porteur de ses quittances, les sommes ausquelles ils seront pour ce taxez en nostre Conseil, dans vn mois, A compter du iour
du commandement qui leur sera fait
à personne, ou domicile: A peine ledit temps passé de subir les contrain-

tes

tes aufquelles ils fe font foubmis. Et
où aucuns d'eux feroient refufans de
payer leurs taxes, leurs compagnons
& à leur deffaut leurs fubftituds les
pourront payer, & ce faifant ioüyr
de ladite nouuelle attribution de
gages, tout ainfi qu'euffent peu faire
nofdits Aduocats & Procureurs, le
furplus de noftredit Edict du mois
de Decembre dernier, en ce qui concerne les Greniers à fel fortira fon
plein & entier effect. SI DONNONS
en mandement à nos amez & feaux
Confeillers, les gens tenans nos
Comptes, & Cours de nos Aydes à
Paris, & Montferrand, Prefidens, &
Treforiers de France, & Generaux
de nos Finances des generalitez du
reffort defdites Cours, que le prefent
Edict ils faffent lire, publier & re-
giftrer, & iceluy entretenir, obfer-

tier, selon & ainsi qu'à chacun d'eux
appartiendra, sans permettre qu'il y
soit contreuenu : Nonobstant op-
positions ou appellations quelcon-
ques, & sans preiudice d'icelles, non-
obstãt aussi tous Edicts declaratiõs,
Arrests & Reglemens à ce contrai-
res : ausquels & à la desrogatoire des
desrogatoires y contenuës, Nous
auons desrogé & desrogeons par ces
presentes. Et à fin que ce soit chose
ferme & stable à tousiours, nous
auons à icelles fait mettre & apposer
nostre Seel, sauf en autre chose nostre droict, & l'autruy en toutes.
Donné à Paris au mois de Mars, l'an
de grace mil six cens vingt-six, & de
nostre regne le seiziesme.

Signé, LOVYS.
Et sur le reply :

Par le Roy en son conseil.

DELOMENIE.

Et scellé de cire verte sur lacqs de soye.

Et sur ledit reply est encores escrit :

LEv publié, & regiſtré en la Chambre des Comptes, Ouy, & ce conſentant le Procureur general du Roy, A la charge que les Aduocats, & Procureurs és Eſlections mentionnees en iceluy ne pourront pretendre autre augmentation de gages que celles attribuez à ſemblables offices creéz par l'Edict du mois de Decembre dernier, & ſupprimez par le preſent : Leſquels gages ſeront emploiyez és Comptes des Tailles

par chapitre à part & sepa-
ré : & que les Roolles des
Taxes qui seront faictes sur
lesdits officiers seront ap-
portez en icelle Chambre
dans vn mois pour tous de-
laiz , à fin d'y auoir recours
& seruir de Controolle
quand besoin sera : les deniers desquelles taxes seront
vtilement employez aux
vrgens & pressez affaires de
sa Maiesté , non ailleurs , à
peine d'en respondre par les
ordonnateurs , & parties
prenantes en leurs propres

& priuez noms, Les deux
Bureaux assemblez le vingt-
quatriesme iour d'Auril,
mil six cens vingt-six.

Signé, GOBELIN.

Collationné à l'original par moy Con-
seiller, Secretaire du Roy, & de ses
Finances.

www.ingramcontent.com/pod-product-compliance
Lightning Source LLC
LaVergne TN
LVHW021821060726
842528LV00004B/1472